Copyright © 2024 por Eliel Sobral

Todos os direitos reservados. É proibida a reprodução total ou parcial desta obra sem o consentimento prévio do autor

Preparação do texto, revisão, capa, diagramação: Eliel Sobral

SUMÁRIO

Caro leitor(a), 5
O Primeiro Passo: Reconheça Sua Situação 11
Rumo à Reserva de Emergência 23
Como Poupar Mesmo Endividado 34
Criando Um Plano Para Quitar Dívidas 44
Renda Extra e Alternativas Práticas 54
O Coração do Doador 63
Aplicando Princípios Bíblicos na Sua Vida Financeira 76
Como Manter a Disciplina e Evitar Novas Dívidas 86
A Jornada para a Liberdade Financeira 98
Próximos Passos: Transforme Sua Vida Financeira 107
Agradecimento 113

SINOPSE

Você já se perguntou como construir uma reserva de emergência, mesmo com dívidas? Em "Liberdade Financeira: Como Criar uma Reserva de Emergência Mesmo com Dívidas", o pastor e educador financeiro Eliel Sobral revela estratégias práticas e princípios bíblicos para transformar sua vida financeira. Este guia essencial vai te ensinar a cortar gastos com inteligência, a reorganizar suas finanças e a sair do ciclo das dívidas enquanto constrói uma base sólida de poupança.

Com um passo a passo simples e eficaz, você vai descobrir como aplicar a sabedoria bíblica em suas finanças para alcançar a verdadeira liberdade financeira e viver de acordo com os propósitos de Deus. Não importa sua situação atual, este ebook traz as ferramentas que você precisa para iniciar sua jornada rumo à estabilidade e prosperidade. Comece hoje mesmo e mude sua vida!

Caro leitor(a),

Olá, meu nome é Eliel Sobral.

Sou casado com Rosiane e pai de três filhos incríveis: Emily, Kleber Lucas e Rebeca.

Como pastor, empreendedor e educador financeiro, minha missão é clara: *ajudar pessoas a viverem melhor e a realizarem mais, sempre para a glória de Deus.*

No entanto, nem sempre foi assim. Minha própria jornada financeira passou por um verdadeiro colapso.

Era 22 de novembro de 2016, um dia após o meu aniversário, e a vida me presenteou com uma realidade esmagadora. Minha esposa, Rosiane, estava em tratamento de um câncer, e a cirurgia dela estava marcada para o início de dezembro.

Já estávamos meses atrasados no aluguel, e o dinheiro parecia evaporar antes mesmo do fim do mês. E então, o pior aconteceu: recebi a temida notificação de despejo.

Naquele momento, sentado e absorvendo o impacto dessa notícia, o medo tomou conta de mim.

Foi como se toda a minha vida financeira fosse um castelo de cartas sendo derrubado por um vento forte e implacável.

Eu tentei manter a compostura, mas a verdade era que tudo o que eu havia construído estava desmoronando diante dos meus olhos. As ligações dos cobradores eram incessantes.

Todo dia era uma nova batalha para pedir dinheiro emprestado, sem saber como pagaria de volta.

Sentia vergonha. Sentia-me completamente sozinho. Não tinha ideia de como resolver essa situação.

Para piorar, não havia dinheiro nem para o básico — nem mesmo para o transporte público ou Uber.

Então, dia após dia, eu caminhava. Percorria cerca de 20 km a pé, tentando encontrar um emprego, uma oportunidade, uma saída.

Mas sabe o que me mantinha em pé, literalmente? A fé. Durante essas longas caminhadas, eu orava. Com cada passo que dava, eu conversava com Deus. Eu pedia por uma solução, por um milagre que eu não conseguia enxergar.

E, embora eu não visse uma resposta imediata, essas orações mantinham viva a esperança no meu coração.

Foi no meio dessa confusão, quando tudo parecia perdido, que Deus começou a me mostrar uma verdade inesperada.

Ele me revelou uma espécie de "fórmula" para a liberdade financeira.

Mas essa fórmula era diferente de tudo o que eu pensava sobre dinheiro.

A sabedoria que recebi de Deus desafiava todas as minhas crenças anteriores.

Ele me ensinou que, mesmo no meio das dívidas, é possível criar uma reserva de emergência e, ao mesmo tempo, começar a pagar as contas.

Não era mágica — era sabedoria divina em ação.

Aos poucos, comecei a aplicar essas estratégias simples, porém poderosas, e a transformação começou.

Eu não estava mais apenas sobrevivendo de salário em salário. Algo extraordinário aconteceu: comecei a ver sobrar dinheiro no final do mês.

Aos poucos, comecei a quitar as dívidas, uma a uma. Aquela prisão financeira que me sufocava foi finalmente rompida.

E então, o ciclo se quebrou.

Hoje, estou totalmente livre das dívidas.

Aquele peso que parecia impossível de carregar foi removido, e pela graça de Deus, pude experimentar a verdadeira liberdade financeira.

Toda honra e glória sejam dadas a Jesus!

Agora, minha missão é clara: <u>Ajudar outras pessoas a alcançar o mesmo.</u>

Quero compartilhar com você essa "fórmula" que Deus me revelou, para que você também possa começar sua reserva de emergência e, ao mesmo tempo, quitar suas dívidas, mesmo que pareça impossível.

Acredite, eu sei exatamente como você se sente, porque já estive aí. É por isso que escrevi este livro que vai guiá-lo passo a passo para construir sua reserva de emergência, mesmo estando endividado.

Meu objetivo é ajudar pessoas de todo o Brasil a não apenas começarem suas reservas, mas também a organizarem suas finanças e experimentarem a verdadeira liberdade financeira — uma liberdade que permitirá que você viva não apenas para si, mas também para impactar a eternidade e glorificar a Deus.

O Primeiro Passo: Reconheça Sua Situação

Eu me lembro claramente do dia em que minha situação financeira atingiu seu ponto crítico.

Era 22 de Novembro de 2016, um dia após meu aniversário.

Recebi a notificação de despejo da nossa casa devido a vários meses de aluguel atrasado.

A crise estava se agravando com minha esposa em tratamento para câncer e a cirurgia marcada para o início de dezembro. Sentado em um canto da sala, o medo e o desespero começaram a dominar minha mente.

"O homem prudente vê o mal e se esconde, mas os simples passam e sofrem a pena."
(Provérbios 22:3)

Naquele momento, eu descobri que toda a minha vida financeira era como um castelo de cartas prestes a desmoronar. Cada tentativa de esconder a verdade sobre minha bagunça financeira estava desmoronando.

A vergonha e o sentimento de solidão eram esmagadores. Era impossível ignorar a realidade: *eu estava completamente perdido.*

Onde está todo esse dinheiro? Não há como ter dinheiro escondido; o problema é mais profundo.

Foi nesse caos que eu compreendi a importância de entregar a batalha financeira nas mãos de Deus.

Lembro-me de olhar para a montanha de dívidas e pensar: *"Nunca vou conseguir pagar isso."*

Foi quando eu percebi que, além de buscar uma solução prática, precisava pedir a Deus que lutasse a minha batalha financeira.

"Porque a batalha não é vossa, mas de Deus." (II Crônicas 20:15)

Muitas vezes, a primeira etapa para ver o milagre financeiro é permitir que Deus atue. O passo natural de entender a situação e a oração pedindo o sobrenatural, abre a porta para o milagroso.

A fé e a ação andam lado a lado.

É necessário um esforço consciente de nossa parte, enquanto Deus faz o impossível.

Muitas pessoas presumem que uma boa renda significa que estão bem financeiramente, enquanto outras acreditam que um baixo salário é uma sentença de condenação.

Ambos estão errados. O que importa é o que realmente está acontecendo com seu dinheiro.

"O rico domina sobre os pobres, e o que toma emprestado é servo do que empresta."
(Provérbios 22:7)

ASG (Ativos Sob Gestão) é uma métrica crucial que mostra a realidade de suas finanças.

Como calcular seu ASG? É uma matemática simples:

ASG = [Seus Ativos] - [Suas Dívidas]

Passo 1: Liste Todos os Seus Ativos Inclua tudo o que tem valor em dinheiro ou que pode ser vendido, como imóveis, veículos, joias, e saldos de contas (corrente, aposentadoria, investimentos).

Passo 2: Liste Todas as Suas Dívidas Inclua todos os valores a pagar, desde empréstimos pessoais até financiamentos e cartões de crédito.

Não se trata de onde você está agora, mas de reconhecer a verdade da sua situação financeira. Este é o ponto de partida para o seu testemunho financeiro.

"Se alguém de vós tem falta de sabedoria, peça-a a Deus, que a todos dá liberalmente e nada lhes impropera, e ser-lhe-á dada." (Tiago 1:5)

Deus quer que saibamos exatamente onde estamos financeiramente para que possamos testemunhar Sua Glória quando Ele realiza milagres em nossas finanças.

Aceite este momento como o ponto de partida para a transformação financeira.

Exemplo de Cálculo do ASG

Tabela de Ativos e Dívidas

Ativos	Valor (R$)
Casa	200.000,00
Carro	30.000,00
Joias e Outros Bens	15.000,00
Conta Corrente	5.000,00
Conta de Poupança	10.000,00
Investimentos	20.000,00
Total dos Ativos	**280.000,00**

Dívidas	Valor (R$)
Empréstimo Pessoal	50.000,00
Financiamento de Carro	20.000,00

Dívidas	Valor (R$)
Financiamento da Casa	150.000,00
Cartões de Crédito	10.000,00
Empréstimos de Familiares	6.800,00
Total das Dívidas	**236.800,00**

Cálculo do ASG
1. **Total dos Ativos**: R$ 280.000,00
2. **Total das Dívidas**: R$ 236.800,00

ASG = Total dos Ativos - Total das Dívidas

ASG = 280.000,00 - 236.800,00

ASG = 43.200,00

Exercício Prático: Calculando Seu ASG

Agora que você entende o conceito de ASG e como calculá-lo, é hora de colocar em prática.

Siga os passos abaixo para calcular o seu ASG e ter uma visão clara da sua situação financeira atual.

1. **Liste Todos os Seus Ativos:** Inclua itens como imóveis, veículos, jóias, contas bancárias, investimentos e qualquer outro bem que tenha valor. Some o valor total dos seus ativos.

2. **Liste Todas as Suas Dívidas:** Inclua todas as dívidas, desde empréstimos pessoais até financiamentos, cartões de crédito e qualquer outra obrigação

financeira. Some o valor total das suas dívidas.

3. **Calcule Seu ASG**

   Use a fórmula: **ASG = Total dos Ativos - Total das Dívidas**

   Registre o resultado.

4. **Reflexão:** Olhe para o resultado do seu ASG. Esse número é o ponto de partida para a sua jornada financeira. Lembre-se: o objetivo não é se desanimar, mas sim entender a situação para começar a transformá-la.

5. **Compartilhe Seu Progresso:** Tire uma foto sua realizando o exercício de cálculo do ASG (por exemplo, você sentado com a tabela, concentrado no trabalho, etc.).

Compartilhe essa foto no Instagram usando a hashtag #MeuASG e marque meu perfil **@elielsobral.financas**. Eu adoraria ver como você está se dedicando à sua jornada financeira!

"O Senhor é o meu pastor; nada me faltará."
(Salmo 23:1).

Confie que, ao dar os primeiros passos com sinceridade e determinação, Deus estará com você em cada fase dessa jornada.

Rumo à Reserva de Emergência

Você já se sentiu preso financeiramente, como se estivesse lutando contra uma correnteza que só te arrasta para mais problemas?

Esse sentimento pode ter suas raízes na forma como fomos educados financeiramente.

Muitas vezes, nossa visão sobre dinheiro vem de fontes inadequadas, como cultura popular, mídias sociais ou conselhos de pessoas bem intencionadas, mas mal informadas.

A verdade é que muitos de nós — **incluindo cristãos** — não conhecemos ou não aplicamos os princípios financeiros de Deus em nossas vidas.

Você sabia que a Bíblia menciona dinheiro e posses mais de 2.350 vezes?

Isso é três vezes mais do que fala sobre o amor e sete vezes mais do que fala sobre louvor. E, curiosamente, um em cada seis versículos nos Evangelhos de Mateus, Marcos e Lucas trata de dinheiro.

Não se trata de adorar o dinheiro, mas sim de reconhecer sua importância.

A Bíblia diz em Lucas 16:11 quê *"se, portanto, vocês não forem dignos de confiança* em relação à riqueza que usa, quem lhes confiará a verdadeira riqueza?"

E em Mateus 6:24, Jesus ensina que "Ninguém pode servir a dois senhores... vocês não podem servir a Deus e ao dinheiro."

O dinheiro compete com Deus pelo domínio de nossas vidas.

A forma como lidamos com o dinheiro não é apenas uma questão de finanças, mas de espiritualidade.

A maneira como gerenciamos nossos recursos reflete nossa comunhão com Deus.

Mesmo quando estamos endividados e com dificuldades financeiras, construir uma reserva de emergência é crucial.

Não é uma questão de quanto dinheiro você tem agora, mas de começar o hábito de poupar.

Cada pequena contribuição para sua reserva é um passo em direção a uma vida financeira mais saudável e segura.

Você pode estar se perguntando: *"Como posso construir uma reserva de emergência quando mal consigo pagar as minhas dívidas?"*

Essa é uma pergunta crucial e compreensível.

A boa notícia é que é possível iniciar uma reserva de emergência, mesmo quando as finanças parecem um caos total.

A verdade é que, mesmo em meio às dívidas, *uma reserva de emergência é vital.*

Imagine-se em uma situação onde um imprevisto acontece — um carro quebra, uma emergência médica surge, ou qualquer outro gasto inesperado.

Sem uma reserva, você pode se ver ainda mais endividado, enfrentando mais estresse e problemas.

Para ilustrar a importância, pense em um barco à deriva em um mar tempestuoso. Sem um colete salva-vidas, a situação só piora.

A reserva de emergência é o seu colete salva-vidas financeiro. Ela não é apenas uma segurança; *é um alívio.* Você pode estar pensando: *"Não tenho dinheiro sobrando, como posso começar uma reserva?"*

Aqui está a chave: **começar pequeno.**

Não se trata de quanto você coloca, mas de iniciar o hábito de poupar.

Se você puder começar com apenas uma pequena quantia, isso é um progresso.

Cada pequeno passo conta e, com o tempo, seu fundo de emergência começará a crescer.

Como Começar

1. **Determine um Valor Inicial**: Comece com o que você puder. Mesmo uma pequena quantia é um avanço.

2. **Automatize Suas Economias**: Configure uma transferência automática para sua conta de emergência para tornar o hábito mais fácil.
3. **Revise e Ajuste**: À medida que sua situação melhora, ajuste o valor que você economiza.

Lembro-me da minha própria jornada para construir uma reserva de emergência.

Comecei com pouco, mas com persistência, cada pequeno depósito ajudou a criar uma rede de segurança financeira.

Com o tempo, esses pequenos passos ajudaram a melhorar minha situação e proporcionaram uma grande paz de espírito.

Suponha que você consiga economizar R$100,00 por mês. Em um ano, isso se torna R$1.200,00. E conforme sua situação melhora, você pode aumentar essa quantia, fortalecendo ainda mais sua reserva.

Comprometa-se com a construção da sua reserva de emergência.

Como está escrito em Provérbios 21:5: *"Os planos do diligente tendem à abundância."*

Ao fazer um plano e se dedicar a ele, mesmo que aos poucos, você estará investindo na sua segurança e na sua relação com Deus.

Agora que você entende a importância de construir uma reserva de emergência, é hora de definir um objetivo prático.

Seu primeiro alvo é economizar R$1.000,00.

Para isso, vamos utilizar o método OKR (Objetivos e Resultados-Chave), uma abordagem eficaz para definir e alcançar metas.

<u>Objetivo: Economizar R$1.000,00 para a sua reserva de emergência.</u>

Resultados-Chave:

Definir um Valor Mensal a Ser Economizado: Decida quanto você pode economizar mensalmente para alcançar o total de R$1.000,00.

Automatizar o Processo: Configure transferências automáticas para sua conta de emergência.

Monitorar o Progresso: Acompanhe seu progresso mensalmente e ajuste o valor conforme necessário.

Passos para o Desafio:

1. **Crie um Quadro de Metas**: Utilize um quadro, uma planilha ou um aplicativo para visualizar seu progresso em relação ao seu objetivo.
2. **Preencha seu Quadro com Detalhes**: Liste os resultados-chave e o valor mensal que você precisa economizar.
3. **Compartilhe Seu Compromisso**: Tire uma foto do seu quadro de metas e

compartilhe no Instagram usando a hashtag **#MeuDesafioFinanceiro** e marque meu perfil *@elielsobral.financas*. Assim, eu poderei ver como você está avançando e oferecer suporte!

QUADRO DE METAS

"Seja o seu modo de viver sem avareza; contentai-vos com o que tendes, porque ele disse: Não te deixarei, nem te desampararei." (Hebreus 13:5).

Como Poupar Mesmo Endividado

Quando estamos endividados, pode parecer impossível pensar em poupar.

A pressão dos compromissos financeiros cria a sensação de que todo o dinheiro precisa ir para as dívidas.

No entanto, mesmo em meio a esse cenário, poupar é essencial. Não só para criar um colchão de emergência, mas também para **quebrar o ciclo da dívida.**

A boa notícia é que, com pequenas mudanças e ajustes no estilo de vida, é possível economizar. Neste capítulo, veremos como pequenos cortes e uma reestruturação financeira podem fazer uma grande diferença.

Além disso, vamos entender o **alicerce** bíblico por trás da disciplina financeira e como isso pode transformar sua forma de lidar com o dinheiro.

A primeira chave para poupar mesmo estando endividado é entender que isso requer **sacrifício e disciplina**.

Como lemos em Hebreus 12:11: *"Nenhuma disciplina parece ser motivo de alegria no momento, mas de tristeza. Mais tarde, porém, produz fruto de justiça e paz para aqueles que por ela foram exercitados."*

É difícil no início, mas os resultados a longo prazo valem o esforço. Aqui estão algumas técnicas práticas para começar:

Corte de Gastos Desnecessários: Muitas vezes gastamos mais do que precisamos em áreas como lazer, alimentação fora de casa e assinaturas de serviços que quase não usamos. Revisar esses gastos e fazer ajustes pode liberar uma boa quantia para poupança.

Reorganize Suas Finanças: Liste todas as suas despesas e categorize-as. Identifique quais são prioritárias e quais podem ser adiadas ou eliminadas. Um planejamento adequado das suas despesas mensais já é um grande passo.

Crie Pequenos Objetivos de Poupança: Mesmo que sua dívida seja grande, estabeleça uma pequena meta de poupança mensal. Por exemplo, R$50, R$100 ou o valor que for possível. Ao longo do tempo, isso se tornará um hábito e aumentará sua segurança financeira.

A forma como lidamos com o dinheiro não deve estar desconectada da nossa fé. Acredito que a maior parte da confusão sobre como administrar as finanças vem justamente da falta de compreensão sobre essas duas diferentes responsabilidades.

A Bíblia nos ensina que existem duas responsabilidades claras quando se trata de lidar com o dinheiro: a de Deus e a nossa.

A Parte de Deus

Domínio: A primeira lição que aprendemos nas Escrituras é que **Deus é o dono de tudo**. Isso está claro em **I Crônicas 29:11-12**: *"Tudo que há nos céus e na terra é teu, Senhor."*

Quando entendemos que somos apenas administradores dos recursos que Deus nos confiou, isso muda completamente nossa perspectiva sobre como devemos usá-los.

Controle: Deus tem o controle soberano sobre tudo o que acontece. Ele sabe das suas necessidades e dos seus desafios financeiros, e promete estar no comando de todas as situações.

Provisão: Deus é o nosso provedor e prometeu cuidar de nós. Ele provê aquilo que precisamos, no tempo certo e da maneira correta.

<u>**Acredite em mim:**</u>
Quando confiamos na provisão e no controle de Deus, encontramos descanso e

direção para sermos bons administradores, até mesmo em momentos de dificuldade.

Nossa Parte: Ser Mordomos Fiéis

Se a parte de Deus é prover e cuidar, nossa parte é **sermos mordomos fiéis**.

E o que significa ser um bom mordomo?

Fidelidade com 100% dos Recursos: Deus nos chama para sermos fiéis com tudo que Ele nos dá, não apenas com 10%. Isso significa administrar cada centavo com sabedoria.

Fidelidade, Não Importa a Quantia: Seja pouco ou muito, o mordomo fiel usa o que tem de maneira responsável. Como Jesus disse em *Lucas 16:10*, *"quem é fiel no pouco também é fiel no muito."*

Fidelidade nas Pequenas Coisas: Pequenas atitudes fazem grande diferença. Mesmo mudanças simples, como cortar um pequeno gasto ou fazer uma poupança modesta, mostram fidelidade.

Fidelidade com o que Pertence a Outros: Lucas 16:12 nos lembra que devemos ser fiéis até com o que é dos outros. Cuidar bem das finanças alheias, no trabalho ou em responsabilidades compartilhadas, reflete nosso caráter.

<u>**Acredite em mim:**</u>
A verdadeira satisfação e contentamento financeiro só vêm quando somos mordomos fiéis diante de Deus.

Administrar nossas finanças com diligência e fé é o caminho para alcançar essa paz.

E agora chegou o momento de colocar esse aprendizado em prática.

Se você está endividado, aqui está um **desafio** para você começar a poupar, mesmo que pareça impossível.

Meta: Economizar R$500 em 3 Meses

Vamos novamente usar o método OKR para isso:

Objetivo (O): Juntar R$500, mesmo com dívidas.

Resultado-Chave 1 (KR1): Reduzir em 15% os gastos mensais com supérfluos.

Resultado-Chave 2 (KR2): Vender objetos não utilizados e aplicar o valor na poupança.

Resultado-Chave 3 (KR3): Negociar suas dívidas para reduzir os juros e, com isso, liberar uma quantia mensal para poupança.

Desafio:

Crie um quadro de metas para visualizar esse objetivo. Registre seu progresso a cada mês. Não é necessário que o quadro seja sofisticado, mas ele deve ser visível para que você lembre sempre da sua meta.

Poste uma foto sua ao lado desse quadro no Instagram e me marque @elielsobral.financas. Quero ver seu esforço e caminhar com você rumo à sua liberdade financeira.

"Nenhuma disciplina parece ser motivo de alegria no momento, mas de tristeza. Mais tarde, porém, produz fruto de justiça e paz para aqueles que por ela foram exercitados."
Hebreus 12:11

Agora, com esses ensinamentos, você tem as ferramentas para **poupar**, **organizar suas finanças** e **ser um mordomo fiel**.

Confie em Deus, siga os princípios bíblicos, e o contentamento virá.

Criando Um Plano Para Quitar Dívidas

Se livrar das dívidas é o sonho de muitos, mas nem sempre sabemos por onde começar.

O medo de que pagar as dívidas comprometa nossa reserva de emergência é real, mas é possível estabelecer um plano que permita quitar essas dívidas sem colocar nossa segurança financeira em risco.

Neste capítulo, vamos abordar **métodos eficazes para pagar dívidas** e como aplicar princípios bíblicos para trazer equilíbrio financeiro à sua vida.

O apóstolo Paulo, em Romanos 13:8, nos ensina que devemos ter responsabilidade com nossas obrigações financeiras: *"A ninguém devais coisa alguma, a não ser o amor."*

Isso não significa apenas pagar o que devemos, mas também aprender a ser responsáveis na forma como administramos o dinheiro.

Vamos aprender como desenvolver um **plano detalhado**, onde você paga suas dívidas de forma eficaz, sem comprometer sua reserva financeira.

Métodos Para Pagar Dívidas Sem Comprometer Sua Reserva

Priorize a Criação de Uma Reserva

Antes de começar a pagar suas dívidas, crie uma reserva mínima de emergência. Essa reserva deve ser suficiente para cobrir suas necessidades essenciais por, pelo menos, um ou dois meses. Isso garantirá que você não precise recorrer a mais dívidas no futuro.

Método Avalanche

No método avalanche, você organiza suas dívidas da maior para a menor taxa de juros. O foco é pagar as dívidas com os juros mais altos primeiro, enquanto continua pagando o mínimo das outras. Este método ajuda a economizar no pagamento de juros no longo prazo.

Método Bola de Neve

Outra abordagem é o método bola de neve. Aqui, você paga primeiro as dívidas menores, ganhando motivação ao riscar essas dívidas rapidamente da sua lista. Ao pagar as menores, você ganha força para atacar as maiores. Essa técnica traz uma sensação de progresso, o que pode ser muito útil para sua motivação.

Negociação de Dívidas

Entre em contato com seus credores e negocie melhores condições de pagamento. Muitos bancos e financeiras estão dispostos a renegociar prazos e reduzir juros, especialmente se você demonstrar vontade de pagar.

O compromisso com o pagamento das dívidas está enraizado na Bíblia.

Em **Romanos 13:8**, Paulo nos exorta a não dever nada a ninguém, a não ser o amor. Isso nos lembra que o ideal é viver sem dívidas, mas se temos dívidas, nossa prioridade é pagá-las com responsabilidade.

No entanto, o pagamento das dívidas não deve ser feito de forma precipitada, sem considerar a segurança financeira.

Jesus também nos ensinou sobre a importância do planejamento em *Lucas 14:28-30: "Pois qual de vós, querendo construir uma torre, não se senta primeiro para calcular a despesa, para ver se tem com que a acabar?"*

Esse princípio é essencial para quitarmos nossas dívidas de maneira sábia. Planejar detalhadamente cada passo evita que comprometa sua reserva de emergência e, ao mesmo tempo, lhe dá clareza de onde está e para onde está indo financeiramente.

<u>Acredite em mim:</u>
A sabedoria está em agir com responsabilidade, sem precipitação.

O planejamento é a chave para quitar suas dívidas de forma sustentável, preservando sua segurança financeira e construindo um futuro mais sólido.

Criar um plano de pagamento de dívidas requer foco, disciplina e visão clara do futuro.

Veja alguns passos práticos que você pode seguir

1. **Organize Suas Dívidas:** Faça uma lista detalhada de todas as suas dívidas, incluindo valor total, taxas de juros e prazos de pagamento. Isso lhe dará uma visão clara de onde você está.
2. **Defina Prioridades:** Com base nos métodos avalanche ou bola de neve, defina a ordem das suas dívidas e comece a atacá-las.

3. **Planeje Suas Despesas:** Reduza gastos desnecessários, faça um orçamento e siga-o rigorosamente. Esse passo permitirá que você libere mais dinheiro para abater as dívidas, sem comprometer sua reserva de emergência.
4. **Negocie sempre que possível:** Se houver possibilidade de negociar as dívidas, não hesite. Você pode conseguir reduções significativas de juros ou até um desconto no saldo devedor.

"A ninguém devais coisa alguma, a não ser o amor." Romanos 13:8

Ao seguir esses passos, você estará exercendo um papel de mordomo fiel das posses que Deus lhe confiou. Lembre-se de que o objetivo final é não apenas pagar suas dívidas, mas ser financeiramente responsável, cumprindo com suas obrigações sem comprometer seu futuro.

Agora que você aprendeu métodos práticos e eficazes para quitar suas dívidas, é hora de colocar tudo isso em prática.

Meta: Quitar uma Dívida em 6 Meses

Usando o método OKR, crie um plano específico para a dívida que deseja quitar nos próximos seis meses.

Objetivo (O): Quitar uma dívida no valor de R$X em 6 meses.

Resultado-Chave 1 (KR1): Economizar 20% de todos os rendimentos extras e aplicar no pagamento da dívida.

Resultado-Chave 2 (KR2): Cortar 10% das despesas variáveis mensais para aumentar o pagamento da dívida.

Resultado-Chave 3 (KR3): Renegociar a dívida para conseguir melhores condições de pagamento.

Desafio:

Crie um **plano de ação visual** para quitar sua dívida e poste uma foto sua trabalhando nesse plano no Instagram.

Lembre-se de me marcar @elielsobral.financas para que possamos caminhar juntos nessa jornada de liberdade financeira.

O poder do planejamento é um dos segredos mais valiosos na gestão financeira.

Seguindo os princípios de **Romanos 13:8** e **Lucas 14:28-30**, você será capaz de quitar suas dívidas e construir uma base sólida para um futuro próspero e livre de dívidas.

Renda Extra e Alternativas Práticas

A busca por liberdade financeira exige não só disciplina no corte de despesas e pagamento de dívidas, mas também criatividade para aumentar a renda.

Gerar uma **renda extra** pode acelerar o processo de quitação de dívidas e contribuir para a formação de sua reserva de emergência.

A Bíblia nos ensina, em **Provérbios 14:23**, que o trabalho diligente traz proveito: *"Em todo trabalho há proveito, mas meras palavras levam à pobreza."*

Ou seja, o esforço e a ação prática são essenciais para colher os frutos financeiros.

Neste capítulo, vamos explorar maneiras práticas de aumentar sua renda, e como essa renda pode ser usada tanto para a quitação de dívidas quanto para a construção de sua reserva.

Seja qual for sua situação financeira atual, é possível encontrar formas de gerar uma **renda extra**.

Aqui estão algumas ideias práticas que podem se adequar à sua realidade:

Venda de Produtos Usados: Faça uma limpa em sua casa e identifique itens que você não usa mais. Roupas, eletrônicos, móveis e até livros podem ser vendidos em plataformas online como OLX ou Mercado Livre. Você ficará surpreso com quanto pode arrecadar apenas com o que já tem!

Freelancer ou Consultoria: Se você tem habilidades profissionais, como design, redação, tradução, marketing, ou consultoria em uma área específica, o trabalho freelancer pode ser uma excelente fonte de renda extra. Plataformas como Workana e Upwork conectam profissionais a empresas que precisam de serviços temporários.

Aulas particulares: Se você domina um assunto, como matemática, idiomas, ou até culinária, ofereça aulas particulares. Muitos pais procuram tutores para ajudar seus filhos, e com a internet, você pode expandir seu alcance, oferecendo aulas online.

Serviços Locais: Ofereça serviços na sua vizinhança, como jardinagem, limpeza, pequenos reparos ou até cuidar de animais de estimação. Esses trabalhos não exigem investimentos altos e podem ser uma maneira eficaz de gerar renda rápida.

Vendas de Produtos Caseiros: Se você tem habilidades culinárias ou é habilidoso em criar artesanato, comece a vender produtos feitos por você. Bolos, doces, comidas congeladas ou itens artesanais sempre têm boa aceitação no mercado.

Uma vez que você começa a gerar essa renda extra, é essencial direcioná-la corretamente para alcançar seus objetivos financeiros.

Provérbios 14:23 nos ensina que o trabalho diligente traz resultados concretos, mas meras palavras ou promessas vazias conduzem à pobreza.

Esse versículo é um chamado à ação: *não basta planejar, é preciso **agir com diligência**.*

Ao buscar renda extra, lembre-se da importância de colocar seu esforço em algo que vá trazer frutos. É fácil procrastinar ou buscar atalhos, mas a Bíblia nos ensina a valorizar o trabalho árduo e diligente.

No entanto, ao gerar essa renda, você precisa de sabedoria para administrá-la de maneira eficaz. Aqui entra a necessidade de um planejamento sólido para dividir essa renda entre pagamento de dívidas e construção de sua reserva de emergência.

Agora que você tem ideias de como gerar renda extra, veja como essa renda pode ser usada de forma estratégica:

1. **Divida a Renda Extra entre Dívidas e Reserva:** Sempre que gerar uma renda extra, separe um percentual para pagar suas dívidas e outro para alimentar sua

reserva. Um bom ponto de partida seria **70% da renda extra para as dívidas** e **30% para a reserva de emergência**.
2. **Use o Método Bola de Neve para as Dívidas:** Continue aplicando o método bola de neve para atacar as dívidas menores primeiro, ganhando fôlego financeiro. A renda extra ajudará a acelerar esse processo.
3. **Aumente Gradualmente sua Reserva:** Conforme suas dívidas diminuem, ajuste os percentuais para aumentar sua reserva. Quando estiver com menos dívidas, você pode inverter a proporção, destinando mais da renda extra para a reserva.

A Bíblia nos ensina sobre a importância de sermos mordomos fiéis, não apenas dos 10%

que entregamos como dízimo, mas dos 100% dos recursos que nos são confiados por Deus. *Lucas 16:10 diz: "Quem é fiel no pouco, também é fiel no muito."*

Seja fiel na administração de sua renda extra, e você verá como esses pequenos esforços podem gerar grandes resultados no futuro.

<u>**Acredite em mim:**</u>
Deus honra aqueles que são diligentes no trabalho e fiéis na administração de Seus recursos.

Agora que você conhece várias formas de gerar uma renda extra, é hora de colocar em prática. Escolha uma ou mais das ideias acima e comece a atuar nelas.

Meta: Gerar R$ 500 de Renda Extra em 1 Mês

Usando o método OKR, estabeleça sua meta de gerar uma renda extra no próximo mês.

Objetivo (O): Gerar R$ 500 de renda extra em 30 dias.

Resultado-Chave 1 (KR1): Identificar 3 itens que posso vender e colocá-los à venda online.

Resultado-Chave 2 (KR2): Oferecer pelo menos 2 serviços locais na minha vizinhança.

Resultado-Chave 3 (KR3): Fazer 2 freelances em minha área de atuação.

Desafio:

Tire uma **foto sua** trabalhando na geração

de sua renda extra, seja vendendo algo, prestando um serviço ou executando um freelance, e poste no Instagram. Me marque @elielsobral.financas para que eu possa acompanhar sua jornada rumo à liberdade financeira.

Gerar uma renda extra exige esforço e comprometimento, mas é uma das maneiras mais eficazes de acelerar o pagamento de dívidas e fortalecer sua reserva financeira.

Ao seguir as lições de **Provérbios 14:23** e **Lucas 16:10**, você estará no caminho certo para se tornar um administrador fiel dos recursos que Deus colocou em suas mãos.

O Coração do Doador

Mesmo diante de dificuldades financeiras, o chamado de Deus para sermos generosos permanece inabalável.

A Bíblia nos ensina que a **generosidade** não depende de abundância, mas de um coração disposto a dar com alegria, como lemos em **2 Coríntios 9:7**: *"Cada um dê conforme determinou em seu coração, não com pesar ou por obrigação, pois Deus ama quem dá com alegria."*

Neste capítulo, vamos explorar como podemos ser **fiéis doadores**, mesmo em tempos difíceis, e entender o impacto espiritual dessa prática em nossas vidas.

Além disso, veremos os princípios bíblicos que moldam o padrão de contribuição e a importância de desenvolver uma atitude correta ao doar.

Qual é a sua atitude?

Quando falamos em doação, a **atitude** é mais importante do que o valor. Deus valoriza uma oferta feita com sinceridade e generosidade, e não por obrigação.

Assim como aprendemos em **2 Coríntios 9:7**, a doação deve ser feita com alegria e vontade.

<u>Dar com a atitude apropriada é fundamental.</u>

Devemos entregar nossos dons e recursos de coração aberto, confiando que Deus usa nossa generosidade para abençoar outras vidas e também a nossa.

Ao praticarmos a generosidade, diversas áreas da nossa vida espiritual, emocional e até material são impactadas de forma positiva.

A Bíblia nos mostra como a contribuição fiel pode transformar nossas vidas:

Aumento da Intimidade com Deus

"Pois onde estiver o seu tesouro, ali também estará o seu coração." – Mateus 6:21

Quando doamos, nosso coração se aproxima de Deus, pois mostramos que nossa confiança está n'Ele, e não nos recursos materiais.

Desenvolvimento do Caráter

"Ordene-lhes que pratiquem o bem, sejam ricos em boas obras, generosos e prontos a repartir." – 1 Timóteo 6:17-19

A generosidade nos molda, transformando nosso caráter e nos tornando mais parecidos com Cristo, que deu tudo por nós.

Investimento para a Eternidade

"Mas ajuntai para vós tesouros no céu, onde a traça e a ferrugem não destroem, e onde os ladrões não arrombam nem furtam." – Mateus 6:20

Ao sermos generosos, estamos investindo em algo eterno. Nossa contribuição pode gerar frutos que durarão para sempre.

Aumento das bênçãos Materiais

"Há quem dê generosamente, e vê aumentar suas riquezas; outros retêm o que deveriam dar, e caem na pobreza. O generoso prosperará; quem dá alívio aos outros, alívio receberá." – Provérbios 11:24-25

Deus promete multiplicar e abençoar aqueles que são generosos. Ao abrirmos nossas mãos para dar, Ele nos abençoa ainda mais.

Além da atitude correta, a Bíblia também nos ensina que a contribuição deve seguir um padrão. Esse padrão nos ajuda a ser disciplinados e fiéis ao longo do tempo, garantindo que nossa generosidade seja constante e bem planejada.

A Contribuição Deve Ser Pessoal: Cada um de nós deve ter a responsabilidade de doar. Ninguém pode fazer isso por nós.

A Contribuição Deve Ser Periódica: Nossa doação não deve ser esporádica, mas contínua. Como em **1 Coríntios 16:2**, onde Paulo orienta os crentes a separarem uma parte de seus ganhos regularmente.

A Contribuição Deve Vir de Um Depósito Particular: O que ofertamos deve vir de nossos próprios recursos, demonstrando que estamos dispostos a separar algo pessoal para abençoar outros.

A Contribuição Deve Envolver Pensamento, Planejamento e Oração: Não devemos doar de forma impulsiva ou apenas quando nos sobra algo. O ato de dar deve ser cuidadosamente planejado e envolvido em oração, pedindo a direção de Deus sobre onde e quanto devemos doar.

A Bíblia nos dá também uma orientação clara sobre os principais alvos da nossa generosidade:

Para a Família:

"Ora, se alguém não tem cuidado dos seus, e especialmente dos de sua própria casa,

tem negado a fé, e é pior do que o descrente." –

1 Timóteo 5:8

Nossa família é uma das primeiras responsabilidades que temos. Ser generoso com nossos familiares é uma demonstração de amor e cuidado.

Para a Igreja Local e os Ministros Cristãos

"Os pastores que fazem bem o seu trabalho, devem ser bem pagos e altamente estimados, de maneira especial aqueles que trabalham arduamente, tanto pregando como ensinando." – 1 Timóteo 5:17

Nossa igreja local e seus líderes também são alvos de nossa generosidade. Eles se dedicam ao ensino e ao cuidado espiritual, e é nosso dever apoiá-los.

Para os Pobres

"Então o Rei dirá aos que estiverem à sua direita: 'Venham, benditos de meu Pai! Recebam como herança o Reino que lhes foi preparado desde a criação do mundo. Pois eu tive fome, e vocês me deram de comer; tive sede, e vocês me deram de beber; fui estrangeiro, e vocês me acolheram.'" – Mateus 25:34-35

O cuidado com os pobres é um mandamento bíblico. Quando somos generosos com os necessitados, estamos servindo diretamente a Deus.

A prática da doação ativa áreas importantes em nossa vida espiritual e material. Quando somos fiéis em contribuir, experimentamos:

O Poder da Oração:

"Quem fecha os ouvidos ao clamor dos pobres também clamará e não terá resposta." – Provérbios 21:13

Nossa disposição de ajudar os necessitados impacta a maneira como Deus ouve nossas orações. Ao sermos generosos, abrimos portas para que Deus também responda às nossas súplicas.

A Provisão de Deus:

"Quem dá aos pobres não passará necessidade, mas quem fecha os olhos para não vê-los será cumulado de maldições." – Provérbios 28:27

A promessa de Deus é clara: ao abençoarmos os outros, Ele cuidará de nós e proverá o que precisamos.

Aumento da Intimidade com Deus:

"Defender o pobre e o necessitado, isso não é me conhecer? — declara o Senhor." –

Jeremias 22:16

A generosidade nos aproxima de Deus. Quando nos preocupamos com os outros, estamos agindo como Deus age, e isso aprofunda nosso relacionamento com Ele.

O coração generoso não surge apenas quando temos abundância financeira, mas é formado nos momentos em que escolhemos confiar em Deus e doar, mesmo quando parece impossível.

Ser um doador fiel, mesmo em tempos de escassez, reflete a nossa fé em Deus como nosso provedor, conforme vemos em *1 Crônicas 29:11-12: "Teu, Senhor, é o poder, a grandeza, a honra, a vitória e a majestade, porque teu é tudo quanto há nos céus e na terra... e tu dominas sobre tudo."*

Este capítulo é um convite para que você examine seu coração e sua relação com os recursos que Deus lhe deu.

Através da generosidade, sua fé será fortalecida, e você verá como Deus pode abençoar sua vida e a vida daqueles ao seu redor.

Agora que você compreendeu a importância da generosidade, é hora de agir. Mesmo que sua situação financeira esteja difícil, encontre uma maneira de doar.

Meta: Fazer uma doação significativa neste mês

Objetivo (O): Fazer uma doação, seja financeira, de tempo, ou de talento, a uma pessoa ou organização que precise.

Resultado-Chave 1 (KR1): Identificar uma causa ou pessoa necessitada que posso ajudar.

Resultado-Chave 2 (KR2): Separar uma quantia de meu orçamento ou reservar um tempo semanal para ajudar.

Resultado-Chave 3 (KR3): Executar a doação ou ação até o final do mês.

Desafio:

Tire uma **foto sua** colocando em prática sua generosidade – seja doando tempo, talento, ou recursos – e poste no Instagram. Me marque @elielsobral.financas para que eu possa celebrar essa jornada de generosidade com você!

Lembre-se: Deus ama quem dá com alegria, e Ele prometeu abençoar aqueles que são fiéis na administração dos recursos que lhes foram confiados.

Que seu coração de doador floresça, mesmo em meio aos desafios financeiros, e que você possa ver o impacto espiritual dessa prática em sua vida e na vida dos outros.

Aplicando Princípios Bíblicos na Sua Vida Financeira

Quando se trata de finanças, muitas pessoas buscam estratégias eficazes e métodos práticos para melhorar sua situação.

No entanto, a sabedoria eterna da Bíblia oferece princípios poderosos que não só ajudam na administração dos recursos, mas também trazem paz e confiança no cuidado de Deus.

Em **Provérbios 3:9-10**, encontramos uma das principais orientações sobre finanças: *"Honre o Senhor com todos os seus recursos e com os primeiros frutos de todas as suas plantações; e os seus celeiros ficarão* *plenamente cheios, e os seus barris transbordarão de vinho."*

Neste capítulo, vamos explorar como aplicar **princípios bíblicos** ao seu planejamento financeiro, equilibrando **sabedoria prática** com **fé em Deus** para alcançar a liberdade financeira.

A Bíblia nos dá uma base sólida para a administração de recursos, enfatizando a importância da **sabedoria, diligência e responsabilidade**.

Veja como alguns princípios bíblicos podem ser aplicados diretamente ao seu planejamento financeiro:

Honre a Deus com Suas Finanças: A primeira responsabilidade que temos com nossos recursos é honrar a Deus. Isso significa colocar Deus em primeiro lugar em nossos planos financeiros, reconhecendo que tudo o que temos vem d'Ele. Como visto em **Provérbios 3:9**, honrar a Deus com nossos primeiros frutos não só nos mantém fiéis, mas também abre as portas para sua provisão.

Tenha um Plano e Siga-o Fielmente: Em **Lucas 14:28-30**, Jesus destaca a importância de planejar cuidadosamente antes de qualquer empreendimento. O mesmo princípio se aplica às finanças. Um bom planejamento financeiro inclui definir metas claras, criar um orçamento realista e manter o controle sobre seus gastos. Sem um plano, a gestão do dinheiro se torna desordenada, levando a estresse e possíveis problemas.

Viva Dentro das Suas Possibilidades: A Bíblia também alerta contra a ganância e a tentação de viver além dos nossos meios. Em **Provérbios 21:20**, lemos: *"Na casa do sábio há* *comida e azeite armazenados, mas o tolo devora tudo o que pode."*

Viver de forma modesta, evitando dívidas desnecessárias e sendo prudente com seus recursos, é essencial para manter a saúde financeira.

Seja Diligente e Trabalhador: Como mencionado em **Provérbios 10:4**, a diligência leva à riqueza, enquanto a preguiça empobrece. Uma vida financeira equilibrada exige disciplina e trabalho árduo. Isso significa estar comprometido em melhorar suas finanças por meio do trabalho constante, gestão adequada e educação financeira contínua.

Enquanto aplicamos a sabedoria prática, também é fundamental lembrar que a vida financeira cristã é baseada na **fé em Deus**.

A nossa confiança no Senhor deve ser a âncora que nos mantém firmes, mesmo quando enfrentamos dificuldades financeiras.

Confie na Provisão de Deus: Em tempos de crise ou incerteza financeira, é natural sentir-se ansioso. No entanto, **Filipenses 4:19** nos lembra que: *"O meu Deus suprirá todas as necessidades de vocês, de acordo com as suas gloriosas riquezas em Cristo Jesus."*

Confiar em Deus significa crer que Ele proverá, mesmo quando o futuro parecer incerto. Ao aplicar esse princípio, podemos caminhar com paz, sabendo que o Senhor está cuidando de cada necessidade.

O Princípio da Colheita: A Bíblia ensina o princípio da **semeadura e colheita**. Em **Gálatas 6:7**, lemos: *"Não se enganem: de Deus não se zomba. Pois o que o homem semear, isso* *também colherá."*

Quando semeamos generosidade, diligência e fidelidade em nossas finanças, colhemos bênçãos espirituais e materiais. Este princípio reforça que, ao fazermos a nossa parte, Deus será fiel em abençoar o fruto do nosso trabalho.

Cultive a Paciência e Perseverança: A caminhada financeira raramente produz resultados imediatos. Em **Hebreus 10:36**, somos lembrados: *"Vocês precisam perseverar, de modo que, quando tiverem feito a vontade de Deus, recebam o que Ele prometeu."*

Assim como em qualquer outro aspecto da vida cristã, o sucesso financeiro requer paciência. Não podemos desanimar quando os resultados não aparecem rapidamente. Em vez disso, devemos confiar no processo e continuar aplicando os princípios bíblicos com fidelidade.

Tiago 2:17 nos ensina que a fé sem ações é morta. Isso significa que, embora confiemos totalmente na provisão de Deus, também precisamos tomar atitudes práticas.

Equilibrar fé e ação é essencial para uma vida financeira saudável.

Ore e Peça Direção a Deus: Antes de tomar qualquer decisão financeira importante, ore pedindo orientação a Deus. Ele é a fonte de toda sabedoria e pode guiá-lo em cada etapa do seu planejamento financeiro. Além disso, quando o caminho parecer difícil, a oração traz paz e renova a confiança no cuidado divino.

Coloque em Prática o Que Você Aprendeu: A fé se manifesta por meio da ação. Se você tem um plano financeiro baseado em princípios bíblicos, coloque-o em prática. Ajuste seu orçamento, controle seus gastos, poupe regularmente e mantenha a generosidade.

Confie no Tempo de Deus: Pode ser tentador buscar soluções rápidas, especialmente quando se trata de finanças. No entanto, confie no tempo de Deus. Lembre-se de que Ele é fiel para suprir todas as suas necessidades, no tempo certo.

Aplicar **princípios bíblicos** às suas finanças é mais do que uma estratégia para alcançar estabilidade financeira; é um ato de fé e obediência a Deus.

Ao honrá-Lo com seus recursos, planejar com sabedoria e confiar em Sua provisão, você estará construindo uma base sólida para a sua vida financeira.

Acredite em mim:
A jornada financeira é uma combinação de fé, planejamento e ação.

Quando essas três áreas estão alinhadas com os princípios de Deus, você experimentará bênçãos espirituais e materiais.

Esta semana, faça uma revisão completa de suas finanças e crie um **plano financeiro** que honre a Deus.

Inclua metas de poupança, eliminação de dívidas, contribuição e, acima de tudo, **confie no cuidado de Deus**.

Desafio:

Compartilhe uma **foto de você trabalhando no seu plano financeiro** ou em uma de suas metas financeiras, e poste no Instagram.

Marque @elielsobral.financas para inspirar outras pessoas a seguirem esse caminho de sabedoria e fé.

Que sua vida financeira reflita a confiança total no Senhor, e que Ele continue a abençoar seus esforços!

Como Manter a Disciplina e Evitar Novas Dívidas

Quitar dívidas e estabilizar suas finanças são grandes conquistas, mas o desafio de **manter-se fora das dívidas** exige disciplina contínua e vigilância constante.

A tentação de voltar aos velhos hábitos financeiros é real, e sem um plano de **autocontrole** e **vigilância financeira**, você pode facilmente cair nas mesmas armadilhas.

A Bíblia oferece orientações sobre como manter a disciplina e cultivar o autocontrole, uma virtude essencial para a saúde financeira.

Em **1 Coríntios 9:25**, Paulo nos lembra: *"Todos os que competem nos jogos se* *submetem a um treinamento rigoroso. Eles o fazem para obter uma coroa que logo perece, mas nós o fazemos para ganhar uma coroa que dura para sempre."*

Assim como os atletas precisam de disciplina para alcançar a vitória, nós precisamos de **autocontrole** para vencer as batalhas financeiras diárias.

Neste capítulo, vamos explorar estratégias para evitar novas dívidas e como manter um plano financeiro contínuo que se ajuste às suas circunstâncias.

Estratégias para Evitar Armadilhas Financeiras

Viva Abaixo das Suas Possibilidades

A chave para evitar novas dívidas é **viver abaixo do que você ganha**. Isso significa ser intencional com seus gastos e focar no que é necessário, em vez de ceder à tentação de gastar com o supérfluo.

Lembre-se da advertência de *Provérbios 21:20:* *"Na casa do sábio há comida e azeite armazenados, mas o tolo devora tudo o que pode."*

É preciso ter sabedoria para gastar menos do que se ganha e usar o excedente para poupança, investimentos ou para quitar dívidas. Esse é o primeiro passo para manter o controle financeiro.

Evite o Crédito Fácil

Uma das maiores armadilhas financeiras é o crédito fácil. Cartões de crédito, empréstimos e financiamentos podem parecer soluções rápidas, mas trazem altos juros que podem te prender em um ciclo de endividamento.

Em vez de depender de crédito, crie uma **reserva de emergência** para lidar com imprevistos. Ter uma reserva reduz a necessidade de recorrer ao crédito em momentos de emergência, te protegendo de dívidas futuras.

Tenha um Orçamento Realista

O orçamento é uma ferramenta essencial para o controle financeiro. Ele permite que você visualize claramente **para onde seu dinheiro**

está indo e faz ajustes antes que os problemas apareçam.

Certifique-se de que seu orçamento inclua todas as suas despesas, desde contas fixas até despesas variáveis, e mantenha **uma margem para imprevistos**. O orçamento também ajuda a definir limites claros para seus gastos.

Evite Compras por Impulso

O impulso de gastar pode ser um inimigo silencioso para suas finanças. Antes de fazer uma compra significativa, pergunte-se:

- *Eu realmente preciso disso agora?*
- *Isso se alinha com meus objetivos financeiros?*

O autocontrole financeiro também significa praticar a paciência e evitar decisões impulsivas, especialmente em relação a grandes compras ou compromissos financeiros.

A Bíblia tem muito a dizer sobre **autocontrole** e como ele nos ajuda a vencer as tentações em todas as áreas da vida, incluindo as finanças.

Veja como você pode aplicar esses princípios à sua gestão financeira:

Disciplina e Coroa Eterna (1 Coríntios 9:25)

Assim como um atleta treina rigorosamente para obter uma coroa terrena, somos chamados a exercitar a **disciplina** para alcançar objetivos maiores, tanto espirituais quanto financeiros.

O autocontrole é uma prática que precisa ser cultivada diariamente. Para manter a disciplina, é fundamental lembrar que o que buscamos é uma **vida financeira saudável**, onde honramos a Deus com nossas escolhas.

Ser Prudente em Suas Decisões

"O prudente percebe o perigo e busca refúgio; o inexperiente segue adiante e sofre as consequências." - (Provérbios 22:3

Autocontrole também envolve **prudência** nas decisões financeiras. Ser prudente é olhar à frente e evitar o que pode trazer prejuízos no futuro.

Antes de assumir compromissos financeiros ou grandes decisões de compra, busque conselhos, faça orações e tome tempo para refletir.

Evitar a Cobrança de Dívidas (Romanos 13:8)

Paulo exorta os crentes a não dever nada a ninguém, exceto o amor. Isso nos ensina a importância de manter nossas finanças em ordem e sermos responsáveis. Viver sem dívidas não é apenas uma questão financeira, mas uma atitude que reflete fidelidade ao princípio bíblico de responsabilidade e compromisso. *Um dos maiores erros após quitar dívidas ou estabilizar suas finanças é parar de seguir o plano financeiro.*

O processo de **monitoramento contínuo** é essencial para evitar retrocessos e garantir que você esteja sempre progredindo em direção aos seus objetivos.

Reveja Seu Orçamento Regularmente

Seu orçamento não é um documento estático. Ele deve ser revisado regularmente para garantir que esteja alinhado com suas circunstâncias atuais.

Se surgir uma nova despesa ou uma mudança na sua renda, ajuste o orçamento para refletir essas mudanças.

Além disso, use o orçamento para garantir que suas metas de poupança e investimento estejam sendo atingidas.

Faça um Check-up Financeiro Trimestral

Estabeleça o hábito de fazer uma revisão financeira **a cada três meses**.

Avalie suas metas financeiras, veja se você conseguiu manter a disciplina e identifique áreas onde pode haver melhorias.

Esse check-up também ajuda a prevenir novas dívidas, pois você terá uma visão clara de onde está seu dinheiro e como ele está sendo usado.

Planeje Gastos Grandes com Antecedência

Para evitar o risco de endividamento, planeje seus **gastos grandes** com antecedência.

Se você deseja comprar um carro, fazer uma viagem ou qualquer outra compra significativa, comece a poupar com antecedência e evite financiamentos.

Ter um planejamento de longo prazo para essas despesas reduz a necessidade de endividamento e mantém sua saúde financeira em dia.

Crie Novos Objetivos Financeiros

A disciplina também vem do **foco em novas metas**.

Depois de quitar suas dívidas e estabilizar suas finanças, crie novos objetivos que continuarão te motivar.

Seja aumentar sua reserva de emergência, começar a investir ou planejar a aposentadoria, mantenha-se focado em melhorar sua situação financeira continuamente.

Manter a disciplina financeira e evitar novas dívidas requer uma **combinação de autocontrole, planejamento e fé**.

Ao aplicar os princípios bíblicos de autocontrole e vigilância, e ao seguir um plano financeiro contínuo, você estará fortalecendo a base da sua saúde financeira.

Lembre-se de que a jornada financeira é uma maratona, não uma corrida de velocidade.

O autocontrole que você pratica hoje garantirá **segurança e liberdade** para o seu futuro.

Para essa semana, faça uma **revisão completa** do seu orçamento e identifique áreas onde você pode melhorar sua disciplina financeira.

Verifique se há algum ajuste necessário para melhorar seu controle de gastos e sua poupança.

A Jornada para a Liberdade Financeira

Ao chegar ao fim deste livro, você percorreu uma jornada que não se limita apenas à **liberdade financeira e construção da reserva de emergência**, mas que também envolve crescimento espiritual e transformação pessoal.

Cada passo que você deu em direção à construção de uma reserva de emergência, quitação de dívidas, geração de renda extra, e generosidade fiel é uma vitória que deve ser celebrada.

Liberdade financeira não é apenas sobre ter controle sobre suas finanças, mas sim viver de acordo com os princípios de Deus, reconhecendo que **Ele é o dono de tudo** e que somos chamados a sermos **mordomos fiéis** dos recursos que nos são confiados.

Cada sacrifício, cada pequena vitória, reflete o compromisso de honrar a Deus com nossas posses e decisões.

Em **João 8:36**, Jesus nos lembra: *"Se, pois, o Filho vos libertar, verdadeiramente sereis livres."*

Pense Sob a Perspectiva da Eternidade

Você é um peregrino.

Esta vida é passageira, e nossos recursos financeiros são uma parte temporária de nossa jornada. Ao gerenciar suas finanças, lembre-se de que somos apenas peregrinos aqui, e a verdadeira cidadania está nos céus.

Estamos em guerra.

A batalha financeira não é apenas uma luta prática, mas espiritual. **Reconheça o inimigo** — a avareza, a dívida, e a tentação de se desviar dos princípios de Deus. Esteja atento às armadilhas que podem afastá-lo de uma vida de fé e confiança no Senhor.

Não se compare aos outros.

Cada pessoa tem uma jornada única. Evite comparações e concentre-se em seguir a vontade de Deus para sua vida financeira. O importante é ser fiel ao que Deus lhe confiou e buscar Sua orientação em cada decisão.

Faça o esforço de viver com simplicidade

Não desperdice seus bens.

A simplicidade é uma virtude bíblica que nos ajuda a administrar nossos recursos de forma sábia e a evitar o desperdício. **Valorize o que você tem** e use-o de maneira que honre a Deus e contribua para o Seu reino.

Não se conforme a este mundo.

Vivemos em uma sociedade que muitas vezes valoriza o consumo e a acumulação de bens materiais.

Não se conforme aos padrões do mundo, mas busque viver de acordo com a perspectiva eterna de Deus.

O que é importante de fato é andar segundo a Sua vontade e viver de forma que reflita Seu amor e cuidado.

A caminhada para a liberdade financeira é um processo contínuo.

Não há um ponto final; é um estilo de vida que você cultivará ao longo dos anos. À medida que você continuar aplicando os princípios discutidos neste livro, terá a oportunidade de experimentar uma vida de abundância, paz e propósito, tanto nas finanças quanto na sua jornada espiritual.

Celebre cada progresso, por menor que seja, e lembre-se de que cada passo te aproxima de uma vida mais plena e alinhada com o plano de Deus.

A liberdade financeira é uma expressão de confiança em Deus e na Sua provisão para todas as áreas de sua vida.

Não importa o tamanho do desafio financeiro que você esteja enfrentando, a verdadeira **liberdade** vem ao confiar no **Senhor** em todas as circunstâncias.

Ele é quem cuida de nós e nos guia em cada etapa da nossa vida, inclusive na forma como lidamos com nossos recursos.

Provérbios 3:5-6 nos ensina: *"Confie no Senhor de todo o coração e não se apoie em seu próprio entendimento; reconheça o Senhor em todos os seus caminhos, e Ele endireitará as suas veredas."*

À medida que você busca ser um **mordomo fiel**, confie que Deus cuidará de você. Ele tem o controle de tudo, e Suas promessas permanecem verdadeiras.

Se você seguir Seus princípios, com disciplina e fé, experimentará não apenas a liberdade financeira, mas a verdadeira liberdade em Cristo.

O Que é Importante de Fato? *Andar segundo a perspectiva de Deus.*

Nossos recursos e posses são uma responsabilidade que devemos administrar com sabedoria e fé.

Acredite em mim:

Posses são uma responsabilidade.

Use seus recursos para servir a Cristo e Seu reino. Cada gasto deve ser feito com oração e responsabilidade, buscando honrar a Deus em todas as áreas.

Trabalhe para servir a Cristo.

O trabalho e os recursos que você possui

são uma oportunidade para servir a Deus e refletir Seu caráter em todas as suas ações financeiras.

Oferte porque ama a Deus.

A generosidade não é apenas uma obrigação, mas uma expressão do seu amor e gratidão a Deus.

Gaste com orações e responsabilidade.

Cada decisão financeira deve ser feita com a orientação de Deus, buscando sempre a Sua vontade e alinhamento com Seus princípios.

Minha oração é que este livro não apenas te inspire a buscar **liberdade financeira**, mas também a reconhecer que a verdadeira liberdade só pode ser encontrada em **Jesus Cristo**. Ele é o **provedor** de todas as nossas necessidades e deseja que vivamos em paz e prosperidade, tanto espiritual quanto material.

Que sua jornada financeira seja marcada por **fé, sabedoria e confiança** em Deus.

E que, acima de tudo, você encontre a verdadeira liberdade que só pode ser experimentada em **Cristo**.

Agora é sua vez: Continue essa jornada com propósito, aplique os ensinamentos e **confie no Senhor** em cada passo.

Que sua vida seja um testemunho da **graça e provisão de Deus**, e que a liberdade financeira seja uma bênção que reflita Seu amor e cuidado por você.

Próximos Passos: Transforme Sua Vida Financeira

Parabéns por chegar até aqui!

Você completou uma jornada importante com este livro e deu o primeiro passo para transformar sua vida financeira.

Mas, se você está pronto para levar sua gestão financeira a um nível muito mais profundo e efetivo, temos uma oportunidade única que você não vai querer perder.

Apresento a você o nosso:

<u>Workshop sobre Liberdade Financeira</u>

Este workshop é mais do que uma simples continuação do que você aprendeu aqui.

É um treinamento intensivo e prático que mergulha profundamente em técnicas e estratégias avançadas para conquistar e manter a liberdade financeira.

Combinamos o conhecimento bíblico com métodos comprovados de planejamento e gestão financeira para fornecer uma experiência de aprendizado imersiva e transformadora.

Normalmente, o investimento para participar deste workshop seria de R$997,00. Contudo, como um leitor dedicado deste livro, você tem acesso a uma oferta especial: **R$497,00** — um desconto significativo que está disponível apenas por um período limitado.

Esta oferta exclusiva é limitada e só estará disponível por alguns dias. Não deixe passar a chance de obter um treinamento premium a um custo reduzido.

O tempo está correndo, e a oportunidade de aproveitar este preço especial está se esgotando rapidamente.

O workshop foi projetado para fornecer um conhecimento detalhado e aplicável que vai além do que é abordado neste livro.

Você receberá estratégias personalizadas, suporte ao vivo e acesso a um grupo de networking com pessoas que compartilham o mesmo objetivo de liberdade financeira.

Tomar uma decisão rápida pode ser o diferencial entre alcançar ou não seus objetivos financeiros.

Ao se inscrever agora, você está demonstrando compromisso com sua transformação financeira e garantindo um lugar nesta oportunidade transformadora.

O que você vai aprender no Workshop

Estratégias Avançadas de Gestão Financeira: Explore técnicas detalhadas e ferramentas práticas para otimizar sua gestão de finanças e acelerar a eliminação de dívidas.

Planejamento e Execução de Metas: Desenvolva um plano financeiro robusto com metas claras e estratégias para alcançá-las.

Aprofundamento em Princípios Bíblicos: Aplique os princípios de sabedoria financeira bíblica de forma ainda mais eficaz em sua vida cotidiana.

Suporte e Comunidade: Receba orientação contínua e faça parte de uma comunidade de apoio dedicada a alcançar a liberdade financeira.

Para garantir seu lugar no workshop e aproveitar o desconto especial, basta clicar no link abaixo e seguir as instruções para se inscrever:

Clique aqui para garantir sua vaga!

Não perca essa chance de dar o próximo grande passo em sua jornada financeira. Lembre-se, esta oferta é válida apenas por um período limitado.

A decisão de investir em seu futuro financeiro e espiritual pode ser a melhor que você já tomou.

Estamos ansiosos para vê-lo no Workshop e ajudá-lo a alcançar a verdadeira liberdade financeira!

Transforme sua vida. Tome ação agora.

Agradecimento

Querido Leitor(a),

Ao final deste livro, meu coração está cheio de gratidão por você ter escolhido embarcar nesta jornada comigo.

Muito obrigado por confiar no meu trabalho e dedicar seu tempo para aprender sobre finanças de uma maneira que une princípios práticos e bíblicos.

Sua disposição em explorar e aplicar esses conceitos é um testemunho de seu desejo de mudança e crescimento.

É um prazer enorme para mim poder compartilhar o conhecimento que, espero, traga transformação significativa para sua vida financeira e espiritual.

Agradeço sinceramente por sua leitura e empenho.

Se este livro trouxe valor para você e ajudou a iluminar o caminho para uma gestão financeira mais alinhada com os princípios de Deus, eu adoraria continuar em contato e acompanhar sua jornada.

Para não perder atualizações, dicas e conteúdos adicionais sobre finanças e vida cristã, convido você a me seguir nas redes sociais: @elielsobral.financas

Além de seguir minhas redes sociais, eu adoraria ouvir de você!

Compartilhe suas experiências, dúvidas e conquistas.

Sua história pode inspirar e motivar outras pessoas a também fazerem mudanças positivas em suas vidas.

E, claro, estou aqui para responder suas perguntas e fornecer suporte onde for necessário.

Mais uma vez, obrigado por sua confiança e por fazer parte desta jornada.

Que Deus abençoe cada passo que você der em direção à liberdade financeira e a uma vida plena e abundante em Cristo.

Nele, que se fez pobre para que fossemos ricos!

Eliel Sobral, pastor

www.ingramcontent.com/pod-product-compliance
Lightning Source LLC
Chambersburg PA
CBHW050315230526
45471CB00005B/2201